essentials

essentials liefern aktuelles Wissen in konzentrierter Form. Die Essenz dessen, worauf es als „State-of-the-Art" in der gegenwärtigen Fachdiskussion oder in der Praxis ankommt. *essentials* informieren schnell, unkompliziert und verständlich

- als Einführung in ein aktuelles Thema aus Ihrem Fachgebiet
- als Einstieg in ein für Sie noch unbekanntes Themenfeld
- als Einblick, um zum Thema mitreden zu können

Die Bücher in elektronischer und gedruckter Form bringen das Expertenwissen von Springer-Fachautoren kompakt zur Darstellung. Sie sind besonders für die Nutzung als eBook auf Tablet-PCs, eBook-Readern und Smartphones geeignet. *essentials:* Wissensbausteine aus den Wirtschafts, Sozial- und Geisteswissenschaften, aus Technik und Naturwissenschaften sowie aus Medizin, Psychologie und Gesundheitsberufen. Von renommierten Autoren aller Springer-Verlagsmarken.

Weitere Bände in der Reihe http://www.springer.com/series/13088

Markus Bramberger

Open Banking

Neupositionierung europäischer Finanzinstitute

Markus Bramberger
Enns, Österreich

ISSN 2197-6708　　　　　　ISSN 2197-6716　(electronic)
essentials
ISBN 978-3-658-26122-1　　　ISBN 978-3-658-26123-8　(eBook)
https://doi.org/10.1007/978-3-658-26123-8

Die Deutsche Nationalbibliothek verzeichnet diese Publikation in der Deutschen Nationalbibliografie; detaillierte bibliografische Daten sind im Internet über http://dnb.d-nb.de abrufbar.

Springer Gabler
© Springer Fachmedien Wiesbaden GmbH, ein Teil von Springer Nature 2019
Das Werk einschließlich aller seiner Teile ist urheberrechtlich geschützt. Jede Verwertung, die nicht ausdrücklich vom Urheberrechtsgesetz zugelassen ist, bedarf der vorherigen Zustimmung des Verlags. Das gilt insbesondere für Vervielfältigungen, Bearbeitungen, Übersetzungen, Mikroverfilmungen und die Einspeicherung und Verarbeitung in elektronischen Systemen.
Die Wiedergabe von allgemein beschreibenden Bezeichnungen, Marken, Unternehmensnamen etc. in diesem Werk bedeutet nicht, dass diese frei durch jedermann benutzt werden dürfen. Die Berechtigung zur Benutzung unterliegt, auch ohne gesonderten Hinweis hierzu, den Regeln des Markenrechts. Die Rechte des jeweiligen Zeicheninhabers sind zu beachten.
Der Verlag, die Autoren und die Herausgeber gehen davon aus, dass die Angaben und Informationen in diesem Werk zum Zeitpunkt der Veröffentlichung vollständig und korrekt sind. Weder der Verlag, noch die Autoren oder die Herausgeber übernehmen, ausdrücklich oder implizit, Gewähr für den Inhalt des Werkes, etwaige Fehler oder Äußerungen. Der Verlag bleibt im Hinblick auf geografische Zuordnungen und Gebietsbezeichnungen in veröffentlichten Karten und Institutionsadressen neutral.

Springer Gabler ist ein Imprint der eingetragenen Gesellschaft Springer Fachmedien Wiesbaden GmbH und ist ein Teil von Springer Nature
Die Anschrift der Gesellschaft ist: Abraham-Lincoln-Str. 46, 65189 Wiesbaden, Germany

Was Sie in diesem *essential* finden können

- Nützliche Hilfen bei Fragen zur Marktöffnung von Banken und die umstrittene Verfügbarstellung der Infrastrukturen für FinTech Unternehmen.
- Wesentliche Details zu Open-Banking-Produkten, deren Vorteile und mögliche Risiken.
- Bislang noch nicht veröffentlichte Informationen zu entstehenden Interessenskonflikten, Herausforderungen, Sicherheitslücken und Substitutionsgefahren für Marktteilnehmer.

Vorwort

Die Europäische Bankenlandschaft befindet sich mitten in einem Paradigmenwechsel, welchen es in solch einer Ausprägung noch nie gab. Finanzinstitute stehen vor fundamentalen Veränderungen, eine neue Ära bricht in der Finanzwelt an. Banking steht unmittelbar vor einem grundlegenden Richtungswechsel.

Es ist völlig unsicher, wie der Finanzdienstleister von morgen aussehen wird und welche Facetten ihn kennzeichnen werden. Es ist jedoch klar, er wird anders und im Speziellen flexibler urgieren als die traditionelle Bank von heute.

Sich stark verändernde Kundenanforderungen, Wünsche, Konsumbedürfnisse und deren zufriedenstellende Befriedigung durch einen exzellent positionierten Dienstleister der Finanzbranche gilt als definitiv aktuelle Herausforderung.

Vor allem die Art der Informationsgewinnung am Beginn von Beratungs- und Verkaufsprozessen von Produkten und Dienstleistungen zwingen Europas herkömmliche Anbieter von Finanzdienstleistungen zur Neuausrichtung, ergo zur etwaigen Überarbeitung des „Mission Statements" und folglich zur strategischen Neupositionierung am Markt.

Diese richtungs- und zukunftsweisende, in Fachkreisen kontrovers diskutierte Gegebenheit, beschert der Bank von heute einen eklatant hohen Kostendruck einerseits, eine noch nie da gewesene Wettbewerbssituation andererseits.

Die durch die Europäische Union bewusst und gewollt angestoßene Ankurbelung des Wettbewerbs und die Öffnung der Bankeninfrastruktur in Europa, wurde durch die Neufassung und gleichzeitig inhaltliche Ausdehnung der PSD II (Payment Services Directive II) ermöglicht.

Zukünftig gilt es neu zu regeln, wer – nur – Kundendaten verwaltet, oder – auch – den Markt (mit-) gestaltet. Denn eines ist unumstritten: Die Wertigkeit von Kundendaten und deren generierter Informationen zum Konsumverhalten gliedern sich revolutionär neu. Einschlägige Fachexpertinnen und Experten sprechen hierbei gerne vom „neuen Gold".

Denn nichts scheint wertvoller zu sein als zu wissen, wer welches Produkt, zu welchem Zeitpunkt, aus welchen Gründen, mittels welchen Mediums und in welcher Menge potenziell kauft oder statistisch gerne kaufen würde.

Markus Bramberger

Inhaltsverzeichnis

1	**Einleitung**...	1
2	**Gründe für die Öffnung der Banken: Chancen und Substitutionsgefahren**.......................................	3
	2.1 Bankenmonopol..	3
	2.2 Einfluss der Europäischen Union........................	5
	2.3 Modernes Banking..	8
3	**Open Banking operativ**...	11
	3.1 Finanztechnologie – FinTech.............................	15
	3.2 Operative Open Banking Produkte.....................	17
	3.2.1 API-Banking...	17
	3.2.2 Blockchain...	19
	3.2.3 Chatbots..	20
	3.2.4 GDPR...	20
	3.2.5 Instant Payment....................................	21
4	**Pro und Contra Bankenöffnung**................................	23
	4.1 Konservative Bankentradition............................	24
	4.2 Verwalter versus Gestalter................................	24
5	**Chancen, Risiken und Herausforderungen durch neue Rahmenbedingungen**...	27
	5.1 Wesentliche Adaptierungen der PSD II................	27
	5.1.1 Ziele der PSD II....................................	29
	5.1.2 Profiteure von Open Banking..................	30

5.2	Innovative Finanzdienstleister	31
5.3	Fazit und Ausblick	32

Literatur... 37

Einleitung 1

Ausgelöst durch eine Digitalisierungswelle, verarbeitet von leistungsstarken, meist mobilen Endgeräten wie Smartphones oder Tablets, sehen Kundinnen und Kunden einen Mehrwert primär im sogenannten „Third Party Provider" (3rdPP oder auch TPP).

Dabei handelt es sich beispielsweise um Zahlungsauslösedienstleister oder Kontoinformationsdienstleister. Technisch hervorragend ausgestattet, positionieren sich die besagten Drittanbieter rund um den höchst dynamisch geprägten Sektor des bargeldlosen Zahlungsverkehrs, um mittels innovativer Finanztechnologie (FinTech) die Wertschöpfungskette rund um die Kundenbeziehung neu zu gliedern.

Für die Mehrheit der traditionellen Bankhäuser Europas stellt es eine Schwelle dar, sich der Innovation zu öffnen, neu auszurichten, synergiebildende Allianzen mit FinTech-Unternehmungen einzugehen oder zuzulassen. Zu groß ist die Scheu davor, verdrängt oder substituiert werden zu können. Außer Frage steht jedoch, dass es zwingend notwendig ist, Überlegungen hinsichtlich möglicher Chancen der neuen Produkte und Dienstleistungen (Services) anzustellen, um sich etwaig auf einem innovationsorientierten Weg neu anzubieten.

Open Banking und dessen neue Akteure nehmen starken Einfluss auf basisbildende Vertriebsstrategien und deren zugrunde liegende Prozessabläufe im sogenannten „traditionellen Banking". Dementsprechend sind Finanzdienstleister dazu angehalten, ihr Akzeptanzniveau gegenüber der immer stärker wachsenden FinTech-Industrie – mit all ihren zukunftsweisenden Produkten wie:

- Instant Payments (in der Währung EUR und in Fremdwährungen)
- GDPR (General Data Protection Regulation)
- API-Banking (Application Programming Interface Banking)
- Blockchain und Chatbots –

© Springer Fachmedien Wiesbaden GmbH, ein Teil von Springer Nature 2019
M. Bramberger, *Open Banking,* essentials,
https://doi.org/10.1007/978-3-658-26123-8_1

neu zu beleuchten und zu evaluieren. Es steht daher eine unumstritten prägende, chancengenerierende aber auch risikobehaftete Phase am Europäischen Sektor der Finanzinstitutionen bevor. Daraus lässt sich logisch schlussfolgern, dass Managemententscheidungen mit höchster Priorität behaftet sind.

Gründe für die Öffnung der Banken: Chancen und Substitutionsgefahren 2

2.1 Bankenmonopol

Verschiedenste Akteure, ergo Teilnehmer, teilen sich das europäische Zahlungsverkehrsnetz, den europäischen Zahlungsverkehrsmarkt im Privatkundengeschäft einerseits und im Firmenkundengeschäft andererseits untereinander auf. Einige von ihnen arbeiten mit unterschiedlichen Zahlungsmethoden und sind in verschiedenen Bereichen der Wertschöpfungskette aktiv. Auch die Wettbewerbslandschaft ist sehr divers. Hieraus ergibt sich ein komplexer und hochgradig fragmentierter Markt (Barrie et al. 2016, S. 9).

Die PSD II macht ihr priorisiertes Ziel sehr deutlich. Zahlungsdienste sind eine wesentliche Voraussetzung für das Funktionieren zentraler wirtschaftlicher und gesellschaftlicher Tätigkeiten. Die Marktöffnung für neue Zahlungsmittel, Effizienzgewinn im Zahlungssystem, mehr Auswahl und Transparenz sind ebenfalls aktuelle Regulierungsziele. Zudem liegt die Bestrebung darin, den bestehenden und neuen Marktteilnehmern gleichwertige Bedingungen für ihre Tätigkeiten offerieren zu können. Daneben wird die Stärkung des Verbrauchervertrauens – ebenso ein hoher Grad an Verbraucherschutz – explizit hervorgehoben. Wesentliches Regulierungsziel sei es zudem, einen integrierten Binnenmarkt – für rasche und sichere elektronische Zahlungen – kontinuierlich weiterzuentwickeln. Die Zersplitterung des europäischen Zahlungsverkehrsmarktes ist zu beenden, denn wichtige Bereiche des Zahlungsverkehrsmarktes sind nach wie vor entlang der nationalen Ebenen aufgeteilt.

Einen Akzent legt die europäische Gesetzgebung auf das Thema Sicherheit. Nutzer von Zahlungsdiensten müssen angemessen vor Sicherheitsrisiken geschützt sein. Daraus leiten sich, lt. EU-Gesetzgeber, folgende Regulierungsmaßnahmen ab: Schließung von Regulierungslücken an den Stellen, an denen diverse technische Gegebenheiten dies erfordern, und mehr Rechtsklarheit – insbesondere im Anwendungsbereich und bei der Definition der Ausnahmebereiche sowie das Ziel der unionsweit einheitlichen Anwendung des vorgegebenen rechtlichen Rahmens – darzubieten (Huch 2014, S. 5 ff.; Mühlbert 2017, S. 248 ff.; Terlau 2016, S. 124).

Die Haupt- und Primärziele der PSD II werden wie folgt in Anlehnung an die Stellungnahme des Parlamentes der Republik Österreich vom 20.11.2017, unter der Dokumentennummer 332/ME, textalisch dargelegt:

Neue Zahlungsdienste, konkret Zahlungsauslösedienstleister sowie Kontoinformationsdienstleister, knüpfen mit ihren Diensten am Internet-Banking von Kreditinstituten an. Sie übermitteln Daten zwischen Kundinnen/Kunden, Kreditinstituten und Händlerinnen/Händlern, ohne selbst in den Besitz von Kundengeldern zu gelangen. Bislang waren solche neuen Zahlungsdienste sozusagen im aufsichtsrechtlichen „Graubereich" tätig. Zahlungsauslöse- bzw. Kontoinformationsdienstleister (TPPs) werden nun als Zahlungsdienstleister reguliert.

Die erhebliche Zunahme von Internetzahlungen und mobilen Zahlungen macht eine Verbesserung der Sicherheit bei der Zahlungsabwicklung notwendig. Deshalb soll der Zahlungsdienstleister künftig in bestimmten Fällen von der Zahlerin/dem Zahler eine starke Kundenauthentifizierung verlangen müssen. Das bedeutet, eindeutig und nachweisbar festzustellen, dass eine bestimmte Zahlerin/ein bestimmter Zahler eine bestimmte Zahlung in Auftrag gegeben hat.

Die Rechtsstellung der Zahlerin/des Zahlers bei nicht autorisierten Zahlungsvorgängen soll verbessert werden. Bei missbräuchlicher Verwendung eines Zahlungsinstruments soll die Zahlerin/der Zahler nur haften, wenn sie/er in der Lage war, den Verlust, den Diebstahl oder die sonstige missbräuchliche Verwendung des Zahlungsinstruments zu bemerken. Aber selbst in diesem Fall soll die Haftung der Zahlerin/des Zahlers auf höchstens 50 EUR begrenzt sein (früher lag die Haftungsgrenze bei 150 EUR).

Ist ein Zahlungsauslösedienstleister in den Zahlungsvorgang eingebunden, soll gegenüber der Zahlerin/dem Zahler zwar zunächst weiterhin der kontoführende Zahlungsdienstleister haften.

Jedoch soll der Zahlungsauslösedienstleister dem kontoführenden Zahlungsdienstleister unverzüglich den Betrag des nicht autorisierten Zahlungsvorgangs sowie alle vertretbaren Kosten, die im Zusammenhang mit der Erstattung an die Zahlerin/den Zahler entstanden sind, erstatten müssen, es sei denn, der Zahlungsauslösedienstleister kann nachweisen, dass er den nicht autorisierten Zahlungsvorgang nicht zu vertreten hat.

2.2 Einfluss der Europäischen Union

Einerseits ist die europäische Integration wohl die bedeutendste politische Entwicklung im Europa der Nachkriegszeit, andererseits wurde sie aber lange Zeit durch einen Elitenkonsens vorangebracht – ohne in der innenpolitischen Öffentlichkeit der Europäischen Mitgliedsstaaten großartig diskutiert zu werden. Von Beitrittsreferenden abgesehen bleiben europäische Themen der Tagespolitik deswegen meist fern (Schulz und Walter 2008, S. 40 ff.).

Zahlreiche Theorien zur europäischen Integration beschäftigen sich mit einem „Moving Target": einem politischen Phänomen, das sich parallel zu einer wissenschaftlichen Darbietung, Beschreibung und Beobachtung immer wieder verändert und transformiert (Bieling und Lerch 2006, S. 9).

Die klassischen Ansätze sind:

- **Föderalismus** (Große Hüttmann und Fischer 2006, S. 41 ff.).
- **Neo-Funktionalismus** (Wolf 2006, S. 65 ff.).
- **Intergouvernementalismus** (Bieling 2006, S. 91 ff.).
- **Marxistische Politische Ökonomie** (Beckmann 2006, S. 117 ff.).

Ziele und Werte der Europäischen Union
Die EU-Mitgliedsländer teilen und leben gemeinsam die definierten Ziele und Werte der EU. Das Wohlergehen von Bürgerinnen und Bürger steht an oberster Stelle. Sie streben eine Gesellschaft an, in der Toleranz und Inklusion auf der einen Seite, Solidarität, Nichtdiskriminierung und Rechtsstaatlichkeit auf der anderen Seite eine Selbstverständlichkeit darstellen. Der europäische Lebensstil wird darauf basierend geprägt (Borchardt 2015, S. 60 ff.).

Folgende sind demnach die Primärziele der EU:

- Förderung des Friedens
- Freiheit, Sicherheit und Rechtsstaatlichkeit ohne Binnengrenzen
- Eine wettbewerbsfähige Marktwirtschaft bei Vollbeschäftigung, sozialem Fortschritt und Schutz der Umwelt
- Nachhaltige Entwicklung auf der Grundlage von ausgeglichenem Wirtschaftswachstum und Preisstabilität
- Achtung ihrer reichen kulturellen und sprachlichen Vielfalt, Gründung einer Wirtschafts- und Währungsunion, deren Währung der Euro ist

- Eindämmung sozialer Ungerechtigkeit und Diskriminierung, Förderung des wissenschaftlichen und technologischen Fortschritts
- Stärkung des wirtschaftlichen, sozialen und territorialen Zusammenhalts und Solidarität zwischen den Mitgliedsländern (vgl. Schriegel 2003, S. 4 ff.).

Die Werte der EU werden wie folgt geschildert:

Würde des Menschen
Die Würde des Menschen ist unantastbar. Sie ist zu achten und zu schützen. Sie bildet das eigentliche Fundament der Grundrechte.

Freiheit
Die Freizügigkeit ermöglicht Bürgerinnen und Bürgern, innerhalb der EU zu reisen und ihren Wohnsitz zu wählen. Persönliche Freiheiten wie die Achtung des Privatlebens, Gedankenfreiheit, Religionsfreiheit, Versammlungsfreiheit, die Freiheit der Meinungsäußerung und Informationsfreiheit sind durch die EU-Charta der Grundrechte geschützt (Borchardt 2015, S. 60 ff.).

Demokratie
Die Arbeitsweise der Union beruht auf der repräsentativen Demokratie. Europäische Bürgerinnen und Bürger genießen bestimmte politische Rechte. Jeder erwachsene EU-Bürger hat das aktive und passive Wahlrecht für die Wahlen zum Europäischen Parlament. Er oder sie kann sich sowohl im Wohnsitzland als auch im Herkunftsland zur Wahl stellen (Kirchhof et al. 2016; Kayser und Kollermann 2011, S. 2 ff.).

Gleichstellung
Bei der Gleichstellung geht es um gleiche Rechte aller Bürgerinnen und Bürger vor dem Gesetz. Die Gleichstellung von Frauen und Männern ist Teil aller politischen Maßnahmen der EU und Grundlage der europäischen Integration. Sie gilt für alle Bereiche. Der Grundsatz des gleichen Lohns für gleiche Arbeit wurde bereits 1957 vertraglich festgeschrieben. Zwar ist die Gleichstellung noch nicht vollständig verwirklicht, doch hat die EU bedeutende Fortschritte erzielt.

Rechtsstaatlichkeit
Die EU beruht auf dem Grundsatz der Rechtsstaatlichkeit. Alle ihre Tätigkeiten stützen sich auf freiwillig und demokratisch von ihren Mitgliedsländern vereinbarte Verträge. Recht und Gesetz werden von einer unabhängigen Justiz aufrechterhalten.

2.2 Einfluss der Europäischen Union

Die Mitgliedsländer haben dem Europäischen Gerichtshof die Befugnis übertragen, in letzter Instanz zu entscheiden. Seine Urteile müssen von allen respektiert werden.

Menschenrechte

Die Menschenrechte sind durch die Charta der Grundrechte der Europäischen Union garantiert. Dazu gehören das Recht auf Freiheit von Diskriminierung aufgrund des Geschlechts, der Rasse oder der ethnischen Herkunft, der Religion oder der Weltanschauung, einer Behinderung, des Alters oder der sexuellen Ausrichtung sowie das Recht auf den Schutz personenbezogener Daten oder des Zugangs zur Justiz.

Die EU baut auf diesen gemeinsam definierten und festgelegten Zielen und Werten auf. 2012 wurde sie für ihren Einsatz für Frieden, Versöhnung, Demokratie und Menschenrechte in Europa mit dem Friedensnobelpreis ausgezeichnet (Brasche 2013, S. 398).

Die Institutionen und das zugrunde liegende Gefüge der Europäischen Union stellen sich wie folgt dar:

- Europäisches Parlament
- Europäischer Rat
- Rat der Europäischen Union
- Europäische Kommission
- Gerichtshof der Europäischen Union (EuGH)
- Europäische Zentralbank (EZB)
- Europäischer Rechnungshof
- Europäischer Auswärtiger Dienst (EAD)
- Europäischer Wirtschafts- und Sozialausschuss (EWSA)
- Europäischer Ausschuss der Regionen (AdR)
- Europäische Investitionsbank (EIB)
- Europäischer Bürgerbeauftragter
- Europäischer Datenschutzbeauftragter (EDSB)
- Interinstitutionelle Einrichtungen

Im einzigartigen institutionellen Gefüge der EU:

- werden die allgemeinen politischen Prioritäten vom Europäischen Rat vorgegeben, in dem die EU-Staats- und Regierungschefs vertreten sind (Heilsberger 2016, S. 191).
- vertreten direkt gewählte Abgeordnete die europäischen Bürgerinnen und Bürger im Europäischen Parlament (Heilsberger 2016, S. 191).

- vertritt die Europäische Kommission, deren Mitglieder von den Regierungen der Mitgliedsstaaten ernannt werden, die allgemeinen Interessen der EU (Hell 2010, S. 89).
- verteidigen die Regierungen der Mitgliedsländer die Interessen ihres Landes im Rat der Europäischen Union (Heilsberger 2016, S. 191).

2.3 Modernes Banking

Am Zahlungsverkehrsmarkt vollziehen sich derzeit fundamentale Veränderungen im Europäischen Privat- und Firmenkundensegment. Der Markt entwickelt sich außerordentlich dynamisch.

Neue Technologien, neue Akteure wie zum Beispiel Third-Party Payment Service Provider, ein grundlegender Wandel bei den Rechtsvorschriften sowie Veränderungen auf der Angebots- und der Nachfrageseite bewirken Veränderungen der Marktmodelle. (Barrie et al. 2016, S. 2).

Die künftigen Änderungen auf der Angebotsseite dürften Auswirkungen auf den Mix der Zahlungsmethoden nach sich ziehen, beispielsweise auf das Wachstum im A2A-Zahlungsverkehr und die Ablösung von Bar- und Kartenzahlungstransaktionen. Neue Anbieter wie Kontoinformationsdienstleister (AISPs) und Zahlungsauslösedienstleister (PISPs) weisen ein größeres „disruptives Potenzial" auf. Sie dürften auch die Innovationstätigkeit vorantreiben.

Veränderungen bei Rechtsvorschriften und im Technologiebereich zwingen die Marktteilnehmer dazu, ihre strategische Reaktion auf den künftigen Zahlungsverkehrsmarkt zu überdenken (Barrie et al. 2016, S. 3).

Neue Technologien werden eingeführt, neben einer Konsolidierung treten neue und innovative Akteure auf den Plan, bei den Rechtsvorschriften werden radikale Änderungen vorgenommen, und die Kunden legen ein verändertes Zahlungsverhalten an den Tag – der eigentliche Zahlungsvorgang wird daher zunehmend zum integrierten Produkt. Für die unterschiedlichen Marktteilnehmer ist es damit unerlässlich, bei der Ausgestaltung ihrer Strategien das jeweils optimale Geschäftsmodell zugrunde zu legen, um die neuen Ertragspools nutzen zu können (Barrie et al. 2016, S. 7).

Zutreffend ist, dass sich die Ertragsaufteilung im Zahlungsverkehr ändern wird, aber noch wird die Wertschöpfungskette im EU-Zahlungsverkehr traditionell von Bankinstitutionen kontrolliert und gesteuert. Die zur Verfügung stehenden Technologien senken aber die Transaktionskosten für die marktförmige Koordination einzelner Prozesse und tragen damit zu einer massiven Aufspaltung

2.3 Modernes Banking

der Wertschöpfungskette bei. Einzelne Stufen der Wertschöpfung können dabei – im Rahmen eines Disintermediationsprozesses – von Nicht-Banken-Akteuren besetzt werden. Im Speziellen jedoch nur, wenn diese einen komparativen Vorteil gegenüber Bankinstitutionen in der Produktion der jeweiligen Teilprozessleistung erreichen können. Es deutet – den Entwicklungstrend beleuchtend – alles darauf hin, dass sich die Wertschöpfungskette schon in naher Zukunft neu gliedern könnte (Riedl 2002, S. 372 ff.).

Besonders in der Phase der Zahlungseinleitung und in der Stufe der Zahlungsübermittlung – wegen der zunehmenden Besetzung der Kundenschnittstellen und Endgeräte durch Nicht-Banken, sogenannten TTPs (Third Party Providers) bzw. eher nur schwach ausgeprägter Erfüllung der originären Bankfunktion, der Informationstransformation – unterliegen Banken einem sehr starken Disintermediationsdruck (Riedl 2002, S. 375).

Im Rahmen der Wertschöpfungskette des Zahlungsverkehrs können grundsätzlich folgende Teilprozesse genannt werden (Moormann et al. 2016, Abschn. 2.1):

- Zahlungsinitiierung
- Autorisierung
- Verrechnung (Clearing) zwischen den kontoführenden Zahlungsdienstleistern von Zahlungsempfänger und Zahlungspflichtigem
- Zahlungsausgleich (Settlement) zwischen den kontoführenden Zahlungsdienstleistern von Zahlungsempfänger und Zahlungspflichtigem
- Information von Zahlungspflichtigem und Zahlungsempfänger über die durchgeführte Zahlung
- Bereitstellung des Gegenwertes einer Zahlung für den Zahlungsempfänger
- Bearbeitung von Zahlungsreklamationen

Zahlungssysteme sorgen mit Vereinbarungen und technischen Standards dafür, dass diese Schritte sicher und zuverlässig zwischen allen Teilnehmern eines Zahlungssystems abgewickelt werden.

Diese Prozesse – zusammen mit den angesprochenen Rollen – stellen das „Öko-Zahlungssystem" dar. Bezahlen an sich ist kein Selbstzweck, dementsprechend ist dieses System in die umfangreiche Wertschöpfungskette eingebettet, die die Geschäfts- und Abwicklungsprozesse – vor und nach einer Zahlung – umfasst. Schon bei der Kundenansprache oder bei der Suche von Kundinnen und Kunden nach Produkten, ergo Dienstleistungen, startet die Wertschöpfungskette. Das gilt ebenfalls oder in weiterer Folge beim Vergleich verschiedener Angebote sowie der Auswahl eines zu kaufenden Produkts, bei

Bestellungen, Auslieferung von Waren und der Rechnungsstellung bis zum Bezahlvorgang, Kundenservice oder etwaiger Reklamationsbearbeitung. Primäre Dienstleistungen in diesem Kontext sind Informationen aktueller Angebote an die Zielgruppe, Bereitstellung von Loyalty-Diensten sowie die Auswertung von Kundeninformationen zur zielgenaueren Ansprache von Kundensegmenten (Moormann et al. 2016, Abschn. 2.1).

Open Banking operativ 3

Für mobile Endgeräte konzipiert: Open Banking
Erst seit einigen Jahren wird der Begriff des Open Bankings geläufiger. Ein Begriff, der nicht mit einfachen Erklärungen seine Definition findet. Open-Banking-Programme versuchen, Disruptionen im Post-PSD-II-Zahlungsverkehr gewinnbringend zu nutzen. Beispielsweise durch Investments in APIs, auf die zuletzt näher eingegangen wurde, aber auch durch Investments in Mehrwertdienste oder ggf. ebenso in Partnerschaften mit Nicht-Banken. Integrierte Plattformen über den gesamten Procure-to-pay-Zyklus, Nutzung von Daten- und Informationsflüssen von Käufern und Verkäufern, z. B. im Rahmen von Risikobewertungen. Diese strategische Vorgehensweise wird als (Teil) von Open Banking – bis hin zu Ökosystem-Lösungen – bezeichnet.

Im Stil von Eckrich und Jung (2016) wird Open Banking wie folgt definiert:

„Sich öffnen" ähnelt den Erfahrungen eines „First Mover" außerhalb der Finanzindustrie des letzten Jahrzehnts und bietet große Chancen in einer anspruchsvollen Umgebung. Dieses Umfeld kann folgendermaßen charakterisiert werden:

- **Nulltoleranz für Fehler.** Reputations- und Sicherheitsrisiken aufgrund der Rolle in der Ökonomie als wesentliche Infrastruktur. Die Sicherung von Geldmitteln und von persönlichen Daten sowie das „Transaction Banking" können als Kernkompetenzen einer Bank angesehen werden. Als Anbieter einer zentralen Infrastruktur erfahren Banken zusätzlichen Druck im Zusammenhang mit der Aufrechterhaltung und Veränderungen umfangreicher Operationen sowie diese mit den Anforderungen einer ständigen Verfügbarkeit in Einklang zu bringen (Kipker und Veil 2003).

- **Banken arbeiten in einem strengen und sich wandelnden, regulatorischen Umfeld.** Obwohl die Strategiepläne und bevorstehenden Regelungen deutlich an die Banken kommuniziert wurden, sind ihre Interpretation, ihr Verständnis der strategischen Konsequenzen und die möglichst effiziente Realisierung der Compliance zeit- und kostenintensive Prozesse (Haertsch et al. 2003, S. 132 ff.).
- **Banken haben ihre kundenbezogene (Vertriebs-) Aspekte schon seit den frühen Jahren des Internets digitalisiert.** Dies erwies sich als schwierig in Anbetracht der hochindividuellen, überlappenden und zusammenhängenden IT-Infrastrukturen, welche nicht unbedingt parallel digitalisiert wurden. Diese Komplexität macht die Anpassung und Erhaltung dieser Infrastrukturen kostspielig (Brühl und Dorschel 2017, S. 136 ff.).

„Sich öffnen" innerhalb des oben beschriebenen Umfelds bietet eine Vielzahl an Möglichkeiten, die einhergehen mit der Chance, neue Produkte und Services sicher auf einem innovativen Weg anzubieten. Der nächste Abschnitt fasst die wahrgenommenen Herausforderungen und Chancen, die mit der Öffnung einer Bank in Verbindung gebracht werden, zusammen (Schlohmann, Kurt, in Bodek et al. 2017, S. 399).

Herausforderungen für Banken, die sich öffnen
Drei Herausforderungen sind für Banken bei der Öffnung von besonderer Bedeutung:

Herausforderung 1: Das Risiko der Disintermediation durch Drittparteien
Die Kundenbindung könnte unter Druck geraten, weil damit zu rechnen ist, dass „Open Banking" in Kürze die „neue Normalität" für manche Kundengruppen werden könnte. Jedoch geht die Öffnung mit dem Risiko einer beschleunigten Disintermediation der Bankenrolle als der „de facto" finanzielle „Service Provider" einher. Das könnte zu einem Teilverlust der Kundenbeziehungen und damit einhergehend zu weniger „Cross-Selling"-Möglichkeiten führen (Bodek et al. 2017, S. 490 ff.).

Herausforderung 2: Risiko der Reputation und Markenvertrauen
„Open APIs" bringen eine große Anzahl sicherheitsrelevanter Herausforderungen mit sich sowie potenziell betrügerische Drittparteien, digitale Eingriffe, Personifizierungen, unerlaubten Gebrauch von Daten und Datenschutz der Kunden. Die Sicherstellung von Geldern und persönlichen Daten für Verwahr- und Transaktionsdienste ist Grundvoraussetzung für die Finanzindustrie. Aus der Sicht der

Kunden ist Vertrauen der gemeinsame Nenner und die Basis dieser Produkte. Die Reputation einer Bank hängt davon ab, wie vertrauenswürdig die Kunden die Dienstleistungen einschätzen. Die Auswirkungen der PSD II „Access-To-Account"-Richtlinien werden weiterhin die Aufmerksamkeit der Kunden gegenüber Dateneigentum und Sicherheit vergrößern. Darum müssen sich Banken überlegen, wie sie ein „Governance"-Kontrollmodell ausarbeiten, um sicherzugehen, dass teilnehmende Drittparteien nicht ihrer Reputation schaden (Bodek et al. 2017, S. 471 ff.).

Herausforderung 3: Der Wandel als Herausforderung
In technischer Hinsicht werden Banken mit der Herausforderung konfrontiert, die API-Funktionalität zur Verfügung zu stellen. Damit wird vor allem die IT-Infrastruktur zu Drittparteien gemeint, während man die eigenen operationellen Standards aufrechterhalten muss. Das existierende Leistungsvermögen, die Betrugserkennung, der KYC sowie allgemeine Sicherheits- und Transaktionsüberwachungs-Standards müssen aktualisiert werden, um die Sicherheitsbedenken zu berücksichtigen.

Die vom Umsatz betroffenen Aspekte des „Open API" stellen eine Reihe von Herausforderungen an Banken. Wenn eine Bank innerhalb eines kurzen Zeitraums die relevanten Versprechen nicht wahr machen kann, wird es Wettbewerbs-Konsequenzen geben, da FinTech-Unternehmen viel schneller agieren können. Diese Konsequenzen könnten zu einem Rückgang der Kundenbasis führen mit der Auswirkung, dass Banken nicht mehr in der Lage sind, von den Größenvorteilen zu profitieren. Dadurch werden Banken, deren Geschäftsmodell auf einer hohen Skalierbarkeit basiert, einen verstärkten Kostendruck erfahren (Bodek et al. 2017, S. 492 ff.).

Die technischen Herausforderungen und die Herausforderungen, die durch den Wandel des Wertversprechens einer Bank entstehen, können auch als organisatorische Herausforderungen beschrieben werden, mit denen Banken konfrontiert werden, die auf dem Weg sind, digitale „Service Provider" zu werden. Diese Herausforderungen umfassen Probleme in Bezug auf bürokratische Silos, den Widerstand zur Veränderung, den internen Fokus und unterschiedliche Meinungen bezüglich einer geeigneten Strategierichtung. Eine weitere Herausforderung werden die Zusammenarbeit und die Konfliktbeilegung mit Drittparteien sein (Brühl und Dorschel 2017, S. 245 ff.).

Auf der Industrieebene werden die Veränderungen, die mit „Open APIs" verbunden sind, auch die aktuellen Geschäftsmodelle beeinflussen. Das erfordert einen industrieübergreifenden Dialog, bei dem gemeinschaftliche Aspekte des „Open Banking" definiert werden sollte. Da es grundsätzliche Unterschiede im

Kundenverhalten, bei der Interpretation von Regularien durch Mitgliedsstaaten und in der technischen Infrastruktur auf der nationalen Ebene gibt, wird dieser Dialog höchstwahrscheinlich auf einer nationalen Ebene, in Koordination mit einem europaweiten Konzept, stattfinden.

Chancen für Banken, die sich öffnen

Chance 1: Verbesserte Service-Innovationen
Durch die Öffnung haben Banken die Möglichkeit, ihr jetziges Dienstleistungsangebot auf zwei verschiedene Weisen zu verbessern.

- Das jetzige Angebot ausweiten: Die Ausweitung der jetzigen Produkte und Services jenseits der Bezahl- und Kontodienstleistungen, wie z. B. in Richtung der Leistungen im Bereich „Digitale Identität".
- Neue Wege einschlagen: Den Vorteil des Teilens und der Ansammlung von Kundendaten aus verschiedenen Konten nutzen und diesen mit existierenden Daten von Partnerbanken und/oder FinTech-Unternehmen anreichern. Mithilfe von verbesserten Datenanalysen kann es zu einer Aufwertung der Produkte und Dienstleistungsinnovationen führen.

Chance 2: Größerer und verbesserter Absatz
Die Ungewissheit rund um die zu erbringenden Dienstleistungen halten Banken davon ab, ihr Produktangebot auf digitalen Plattformen anderer Banken oder Drittparteien anzubieten.

Ein standardisiertes Provisionsmodell für gemeinsame Dienste wird schon bei der Öffnung innerhalb eines „Open Banking"-orientierten Umfelds angeboten. Dieses Modell kann dazu benutzt werden, mehr Produkte und Dienstleistungen über mehrere Plattformen und Geräte zusammen mit anderen Banken und/oder FinTech-Unternehmen zu vertreiben.

In der Software- und Telekommunikationsindustrie wird das Verfahren, bei dem Kunden eine große Anzahl verschiedener Services für einen vereinbarten Tarif angeboten bekommen, „Bundling" (eng. = Bündelung) genannt. Innerhalb des „Open Banking"-Umfelds kann „Bundling" jetzt einfach als Medium verwendet werden, mit dem Produkte und Services an den Kunden gebracht werden. Es erlaubt den Kunden, bei einer Reihe von spezifischen Produktangeboten wählerisch zu sein (möglicherweise bei unterschiedlichen Banken und FinTech-Unternehmen). Dabei wird die Kundenrelevanz durch individuelle Kundenanpassungen vergrößert (Fastnacht 2009, S. 90 ff.).

Chance 3: Verbesserte Risikominderung
Ein standardisiertes Konzept zum Vertrieb von Produkten und Services erfordert ein standardisiertes Konzept für die Sicherheit. So können Banken ihren Markennamen als vertrauenswürdig und sicher hervorheben, während sie von einer größeren Reichweite profitieren. Es wird erwartet, dass der angestrebte Austausch von Informationen zwischen Banken auch Maßnahmen der Entscheidungsfindung und Schadensminderung bezüglich Betrugsprävention, KYC und „Anti Money Laundering" (AML) (eng. = Geldwäschebekämpfung) verbessert.

3.1 Finanztechnologie – FinTech

Sogenannte „FinTech-Start-ups" überstimmen den Banken- und Finanzdienstleistungssektor im Zuge der Digitalisierungswelle. Die Wertigkeit von Informationen gliedert sich neu und das Handling von Kundendaten – granularer formuliert ist die Rede von operativen Kosumenteninformationen – bescheren vor allem Banken einen hohen Anpassungsdruck (Brock und Bieberstein 2015, S. 106 f.).

Der Begriff „FinTech" ist ein vergleichsweise junges Sammelwort. Es setzt sich aus den Teilbegriffen „Financial" (Service) und „Technology" zusammen (Rasche und Tiberius 2017, S. 2 f.).

Dementsprechend ist bereits umrissen, was es mit den FinTechs auf sich hat. Es handelt sich um einen „Kofferbegriff" für Finanzdienstleistungen, die (informations-) technologieunterlegt zur Verfügung gestellt werden (Jhoon 2015, S. 359 ff.).

Große digitale Plattformen wie Apple, Google, Alibaba und Amazon sicherten sich bereits wichtige Schnittstellen zum Kunden (Helmold und Terry 2016, S. 141 ff.).

Diese Marktöffnung, auch Open Banking genannt, die Ankurbelung des Wettbewerbs und die deutliche Untermauerung des Stellenwerts der Konsumentinnen und Konsumenten ermöglicht eine in Gang gebrachte Gesetzesnovelle. Vor dem Hintergrund der zuvor geschilderten Ausführungen ist die europäische Bankenlandschaft mit all ihren Produkten, Dienstleistungen und Standorten sicherlich eines der interessantesten nachzuverfolgenden Themenfelder, welche sich aktuell revolutionär in einem Strukturumbruch befinden (Langen 2015, S. 18 ff.).

Viele Finanzplattformen – wie beispielsweise der Anbieter PayPal – sind auf den neuen Markt ein- und abgestimmt. Sie gewannen mit der Ausbreitung des WWW an Bedeutung.

> Online payment services, such as PayPal, started to pop up only a couple of years after the birth of the World Wide Web (Gonzáles 2004).

Dementsprechend positionieren sich Third Party Provider (TPP(s) – Zahlungsauslösedienstleister und Kontoinformationsdienstleister –) um den Bankensektor, die derzeit gelebte Art der Kommunikation, die fokussierte und zielgruppenorientierte Nutzung von Informationen zu revolutionieren. Schnell, sicher, wettbewerbsankurbelnd, konsumentinnen- und konsumentenorientiert, das sind die Argumente für den Wandel. Das alles, um die Wünsche und Bedürfnisse von Kundinnen und Kunden zu erkennen, zu wecken, zu befriedigen und um der anbietenden Institution folgernd zu möglichen Erträgen zu verhelfen (Brock und Bieberstein 2015, S. 111 ff.).

Wie wird die Bank der Zukunft aussehen? Welche Dienstleistung wird sie erbringen? Wird die Bank von heute noch auf den Zug in Richtung Finanzdienstleister von morgen aufspringen können? Oder werden Banken – wie wir sie noch heute kennen – pauschal durch innovative und digital exzellent positionierte Dienstleister substituiert? Die Vergangenheit belegt, wissenschaftlich verifiziert, dass nach Produktrevolutionen – daher sind auch Dienstleistungen angesprochen – und Produktsubstituierungen nie dieselben Marktteilnehmer diesen auch wieder bestimmten. Im Gegenteil, viele von den früheren Marktführern verschwanden vom Wettbewerb. An dieser Stelle dürfen die Beispiele von Firmen wie Kodak oder Fuji-Film dargeboten werden (Hill et al. 2015, S. 233).

Die offerierten Produkte von den genannten Unternehmungen wurden von den neuen Marktführern hinsichtlich moderner und digitaler Speichermedien substituiert (Hill et al. 2015, S. 233 f.).

FinTechs

In Anlehnung an die Marktdefinition von FinTechs durch *Statista Deutschland* (2018) wird nachfolgend erörtert, was sich hinter dem Begriff tatsächlich verbirgt:

- FinTech versteht sich als Kurzform von Finanztechnologie und ist zum zentralen Begriff des strukturprägenden Wandels und der Digitalisierung der Finanzdienstleistungsbranche geworden (Ornau in: SRH Fernhochschule 2017, S. 49).
- Unter dem Sammelbegriff „FinTech", der bisher nicht eindeutig definiert ist, werden im Rahmen des Digital Market Outlooks Finanzdienstleistungen verstanden, die mittels digitaler Infrastruktur neuartige Angebotsformen und Abwicklungsprozesse in klassischen Bereichen des Bankgeschäfts wie Kreditgeschäft, Anlagestrategien und Zahlungsverkehr etablieren (Rasche und Tiberius 2017, S. 50 ff.).

- Die Ausprägungen des Digitalisierungsprozesses von Finanzdienstleistungen umfassen dabei den vereinfachten Zugang für Endnutzer über das Internet oder mobile Apps, eine Erhöhung der Abwicklungsgeschwindigkeit u. a. über Automatisierungsprozesse, Kostensenkungen, eine starke Serviceorientierung und hohen Komfort, Transparenz und die Ausnutzung von Netzwerkeffekten (Böhnke und Rolfes 2018, S. 39 ff.).
- Der FinTech-Markt wird durch eine enorm wachsende Anzahl von Start-ups und Unternehmen ohne Banklizenz (Non-banks) geprägt. Für die Betrachtung des Gesamtpotenzials ist eine Unterteilung des Marktes in klassische Banken und Nicht-Banken jedoch nicht sinnvoll, da Konsolidierungsprozesse, Kooperationen und White-Label-Lösungen zukünftig keine klare anbieterseitige Abgrenzung erlauben. Daher wird eine funktionsorientierte Segmentierung bevorzugt, basierend auf einer zugangs- bzw. geschäftsmodellorientierten Marktunterteilung (Rasche und Tiberius 2017, S. 5 ff.).

Es ist unumstritten, dass der Begriff „FinTech" die Summe an einzelnen innovativen, hochtechnologischen und auch mobilen Anwendungsmöglichkeiten darstellt. In der Gesamtheit spricht man dementsprechend von Open Banking.

3.2 Operative Open Banking Produkte

Im folgenden Abschnitt werden Ihnen wesentliche Begriffe und die zugrunde liegenden Produkte erklärt.

3.2.1 API-Banking

API-Banking: „Application Programming Interface Banking". Via APIs können Daten und Funktionen bestehender Anwendungen – z. B. Online-Banking-Plattformen – von Drittanbietern genutzt werden. Über APIs wird die einfache und schnelle Integration von Daten oder Banking-Funktionen in die Applikationen und Services von Drittanbietern ermöglicht. Das eröffnet Finanzinstituten und Drittanbietern neue Möglichkeiten, das Banking für Kunden komfortabler, vielseitiger, einfacher und damit kundenfreundlicher handzuhaben:

- Indem zum Beispiel der Nutzer im E-Banking von Bank „A" auch auf die Daten seiner weiteren Bankverbindungen „B" und auf zusätzliche Dienste zugreifen kann, ohne die Anwendung verlassen ggf. wechseln zu müssen.

- Oder der Nutzer bedient sich Zahlungs- und Finanz-Apps von Drittanbietern, die mit den Daten seiner bestehenden Bankverbindung(en) „A", „B", „C", arbeiten.

Wesentlich umschreibt API-Banking die zukunftsweisende Nutzung von Daten, die über APIs nicht nur der jeweiligen Bank, sondern auch anderen Dienstleistern zur Verfügung stehen. Dementsprechend werden das Banking und das Verwenden externer Finanzdienstleistungen für Kundinnen und Kunden einfacher und vielseitiger. API-Banking liegt kein Hype zugrunde, vielmehr eine Entwicklung, welche Geschäftsmodell, Strukturierung und strategische Ausrichtungen von Bankinstitutionen tief greifend beeinflusst (Brühl und Dorschel 2017, S. 86; Gamblin und Williams 2017, S. 8 ff.; Capellmann et al. 2018).

API Banking mit seinen zugrunde liegenden Produkten fokussiert sehr stark auf den Nutzer von Finanzdienstleistungen und im Speziellen seine Bedürfnisse. Das umreißt einerseits z. B. einen traditionellen Bankkunden oder andererseits auch den User einer App, die von einem Finanztechnologie-Unternehmen (Fintech-Unternehmen), eventuell einem Startup, offeriert wird. API Banking – und dies gilt es von traditionellen Vollbanken zu verstehen, zu verinnerlichen und via Tagesgeschäft zu nützen – ist keine Einbahnstraße und sollte im günstigsten Fall – zum Vorteil alles Marktteilnehmerinnen und Marktteilnehmer – von Bankinstitutionen und von Fintechs gemeinsam genutzt werden.

Junior- vs. Senior-User
Senior-Möglichkeit (beispielhafte Erörterung): Der Bankkunde möchte nicht mehrere Elektronik-Bankings mit jeweils eigenen Zugängen und Logins bedienen. Kundinnen und Kunden fordern eine einzige, umfangreiche und umfassende Plattform, auf der sie alle Bankgeschäfte abwickeln und alle gewünschten Zusatzservices bzw. Dienstleistungen sicher und bequem nützen, steuern können.

Junior-Möglichkeit (beispielhafte Erörterung): Bestehende Elektronik-Banking-Informationen werden mittels APIs für externe Dienstleistungen auf den Plattformen von Drittanbietern operativ gestellt. Damit generieren externe Anbieter die Möglichkeit, natürlich ausschließlich und explizit nur mit der Einwilligung des Kunden, mit diesen Informationen und Daten adäquate Produkte anbieten zu können.

Zwischen Junior- und Senior-Möglichkeit ergeben sich zahlreiche, individuell steuer- und einstellbare Mischformen (lenkbar durch Anbieter und Nutzer). Im Zentrum stehen jedoch immer komfortable, userorientierte Bedieneroberflächen, intelligente und sichere Vernetzung von Daten aus kompatiblen und differierensten

Quellen und damit die Nutzung von unterschiedlichsten Services auf der Bedieneroberfläche.

Für eine Kundin mit mehreren Konten bei unterschiedlichsten Bankinstitutionen und einigen Zusatzprodukten könnte die individuelle Bedieneroberfläche beispielhaft wie folgt dargeboten werden:

- Sämtliche Konten mit allen Funktionen auf einen Blick
- Überweisungen instituts- extern und intern
- Inlands- und Auslandstransaktionen in sämtlichen Währungen und Echtzeit mit allen zulässigen und automatische erkannten Gebührenoptionen (BEN/OUR/SHA)
- Anzeige aller Sonderkonditionen inkl. Standardgebühr und etwaige zeitliche Befristungen (Kostentransparenz)
- Verwaltung von Wertpapierdepots inkl. transparenter Darlegung der aktuellen Realtime-Kurse, Performance-Entwicklung, Kosten und Entgelte
- Kreditkarten – Umsätze, Spesen und Entgelte. Wichtig: Hinweise darüber, wie viel Umsatz noch notwendig um Leistung xx oder Vergünstigung xx zu erlangen. Hinweis auf kostenlose Versicherungsleistungen usw.
- Online-Zahlungen mit Bankanbindung oder via Kreditkarten
- Investieren über Robo Advisor-Plattform
- Investieren über Crowdlending-Plattform
- Bitcoin Wallet-Verwaltung (wird kritisch hinterfragt)
- PFM (Personal Finance Management): individuelle Steuerung. System erkennt, welches Konto – institutsübergreifend – Finanzunternehmen aktuell den besten Zinssatz bietet. Automatisierte Umbuchungen, auch institutionsübergreifend

3.2.2 Blockchain

Blockchain: Wörtlich aus dem Englischen übersetzt, bedeutet Blockchain so viel wie „Blockkette" – in diesem Fall eine Kette aus Transaktionsblöcken. Man kann die Blockchain als ein modernes, innovatives und sicheres digitales Register betrachten, das Transaktionen zwischen z. B. einer Bankkundin oder einem Bankkunden und einem Zahlungsdienstleister verzeichnet. Verwaltet wird das Online-Netzwerk von mehreren Rechnern – nämlich von denen der Teilnehmer der Transaktion. Bevor eine Transaktion stattfindet, muss diese von jedem Rechner aus verifiziert werden. Dies natürlich verschlüsselt, um die Sicherheit der Transaktion gewährleisten und bewerkstelligen zu können. In Folge fügen sich die

Parameter der Transaktion zu einer Kette zusammen, welche in einen Computer-Code moduliert wird.

Eine Blockchain kann auch als eine Art von transparenter Datenbank definiert werden. In einem sogenannten „digitalen Kontoauszug" werden jegliche – wenn auch noch so kleine – Detailinformationen einer Transaktion aufgezeichnet und für die Nutzer des Netzwerks (ein-)sehbar. Durch dieses Abwicklungsprozedere bietet die Blockchain die notwendige und geforderte Informationstransparenz zwischen teilnehmenden Nutzern (Laurence 2017; Rueckgauer 2017, S. 14 ff.; Gayvoronskaya et al. 2018, S. 72 ff.).

3.2.3 Chatbots

Chatbots: Fokussiert definiert ist ein Chatbot eine Software, die mit dem Nutzer kommuniziert. Ein intelligentes, innovatives und zukunftsweisendes Dialog-System, das meist über eine – technisch nicht anspruchsvolle – Texteingabe- und Textausgabemaske funktioniert. Im Wesentlichen wie das Nutzer von klassischen Chat- und Messenger-Programmen gewohnt sind und kennen. Chatbots können Fragen beantworten, Vorschläge für Produkte oder Services unterbreiten, Alternativen anbieten, Buchungen bestätigen, Support bieten und sehr viel mehr.

Je nach Programmierung in Text, Bild, Video, Links oder auch mit Stimme in gesprochener Sprache. Ziel ist es, den Dialog mit Kundinnen und Kunden qualitativ auf höchstes Niveau zu verbessern, um Bedürfnisse zu erkennen, zu befriedigen oder ggf. auch zu wecken (Heinemann 2018, S. 72 ff.; Gentsch 2018, S. 165 ff.; Bodek et al. 2017, S. 230 ff.).

Werden nun alle genannten und erläuterten hochinnovativen Technologien als Konvolut und im operativen Einsatz betrachtet, so ergibt sich daraus eine mögliche Definition hinsichtlich Open Banking und sogenannter FinTechs. Der Betitelung des Open Bankings unter Nutzung von FinTech widmet sich das Folgekapitel.

3.2.4 GDPR

GDPR: Die Allgemeine Datenschutz-Verordnung (General Data Protection Regulation GDPR) ist der neue rechtliche Rahmen der Europäischen Union, der festlegt, wie personenbezogene Daten gesammelt und verarbeitet werden dürfen.

Die GDPR, per 25. Mai 2018 in Kraft, gilt für alle Organisationen mit Sitz in der EU, die personenbezogene Daten verarbeiten und alle Organisationen weltweit, die Daten verarbeiten, die EU-Bürgern gehören. Der mögliche wirtschaftliche Nutzen liegt in dem Recht – sofern die Einwilligung der zugrunde liegenden Person vorhanden ist –, Kunden- bzw. generell Personendaten:

- zu löschen,
- zu teilen,
- zu transferieren,

um Daten-

- Aggregation,
- Analyse,
- Kategorisierung,

und die Entwicklung diverser neuer Services und Monetarisierungsalternativen zu ermöglichen (Saleem 2017, S. 26; Mühlbauer 2018, S. 96 ff.).

3.2.5 Instant Payment

Instant Payments: Es liegt ein weltweiter Trend zugrunde, welcher auch in Europa aufkommt. Zum Zeitpunkt 2. Quartal 2018 liefen z. B. in Österreich mehrere Testphasen und per 4. Quartal 2018 startete die erste Echtphase.

Mit Hochdruck wurde und wird bereits am Aufbau einer Echtzeit-Infrastruktur gearbeitet. Dieses Echtzeit-Zahlungsverkehrsprodukt beinhaltet Overlay-Leistungen (in der Entwicklung), welche B2B, C2B und B2C inkludieren. Eine einheitliche europaweite Lösung für Zahlungen in der Währung Euro (EUR) ist das Ziel (Bodek et al. 2017, S. 320 ff.; Brühl und Dorschel 2017, S. 250).

Pro und Contra Bankenöffnung 4

Fortschritt und Vorsprung oder Rückschritt
Man stelle sich vor, Facebook, der E-Mail Anbieter oder auch Banken leisten automatisch spezielle Zahlungen von einem Konto. Der Stromtarif wird selbstständig angepasst und optimiert, vor einer Urlaubsreise wird automatisch eine Reiseversicherung abgeschlossen. All das ermöglicht die PSD II. Das klare und offensichtliche Ziel der EU-Kommission ist die Ankurbelung des Wettbewerbs im Europäischen Banken- und konkret Zahlungsverkehrsmarkt.

Nur wenige Bankspezialisten kennen die neue Bankenrichtlinie im Detail, trotzdem hat die PSD II einen Einfluss auf mehr als eine Milliarde europäische Bankkonten. An der Stelle wird die massive Tragweite veranschaulicht, greifbar gemacht. Das stets kontrovers betrachtete Monopol der Banken über Kontodaten und Konsuminformationen Ihrer Kunden ist dementsprechend aufgehoben. Finanzinstitute sind nun gezwungen, bei Zustimmung der Kontoinhaber, Informationen entgeltlos an Drittanbieter weiterzuleiten.

Einerseits werden die geschaffene, bestehende Banken-Infrastruktur und der Zugang zu sensiblen Kunden- bzw. Nutzerinnendaten für Drittanbieter geöffnet, innovative Geschäftsmodelle – noch ohne verifizierte empirische Ergebnisse über die tatsächliche erfolgreiche Anwendbarkeit zugewiesener Regulierungen – einer mittlerweile überhand nehmenden Regulierungsdichte unterstellt.

Andererseits wird der substanzielle, teils nur unter massivsten Anstrengungen zu bewerkstelligende Anpassungsbedarf der Banken an die neu geschaffenen Gegebenheiten trivialisiert. Punktuell zu untersuchen ist die implizierte Veränderung der Wertschöpfungskette des bargeldlosen Zahlungsverkehrs (Huch 2013, S. 35 ff.).

4.1 Konservative Bankentradition

In wissenschaftlichen Kreisen wird die Entwicklung kontrovers diskutiert. Eindeutige Zielkonflikte lassen keine Zweifel daran, dass genauere Untersuchungen mehr als berechtigt sind. Eine Thematik wissenschaftlich kritisch zu hinterfragen, wird in Laienkreisen oft mit innovationsquerolierendem Verhalten verwechselt.

Verpassen traditionellen Banken den digitalen Wandel? Für klassische Finanzinstitutionen könnte ein Wettlauf gegen die Zeit beginnen. Denn wenn den neuen Playern, den sogenannten Drittanbietern – nicht-Banken –, nicht schnell genug adäquate Angebote entgegensetzen, könnten sich vermehrt Kunden, in Richtung Konkurrenz, von ihnen abwenden. Nicht nur in den jüngsten Altersgruppen ist der Anteil von Drittanbieter-Apps bereits erheblich gestiegen, sondern auch in den älteren Schichten werden bereits entsprechende Produkte operativ eingesetzt.

Forciert wird diese Entwicklung, wie bereits detailreich erörtert, durch die rechtliche Änderung unter dem Kürzel PSD2, die per 13. Januar 2018 in Kraft trat. Drittanbieter dürfen dann mit der Zustimmung der Kunden auf die Kontodaten bei der Hausbank zugreifen. Die klassischen Geldinstitute verlieren mit der schwindenden Hoheit über das Girokonto – dem Monopol auf Kundendaten und konsumrelevante Informationen – den wichtigsten Wettbewerbsvorteil gegenüber den neuen, digital hervorragend positionierten Mitstreitern, den sogenannten Start-ups und FinTechs. Sollten es diesen Drittanbietern gelingen, über seriöses Auftreten und sichere Produkte das Kundenvertrauen zu gewinnen, dürfte mit verstärkten Marktbewegungen und Umschichtungen in der Ertragskette zu rechnen sein.

4.2 Verwalter versus Gestalter

Grundsätzlich ist es gleichgültig ob Open Banking als technischer Vorgang oder als größere Bewegung angesehen wird. Es ist ein Thema, das die Finanzwelt nachhaltig verändern wird. Wie die meisten Veränderungen, welche Nachhaltigkeit generieren, wird die Bankenöffnung primär als organischer Prozess und nur sekundär als Disruption erlebt werden. Dementsprechend ergibt sich die Chance zur konkret überdachten Neuausrichtung von Finanzinstitutionen. Wer wird als Datenverwalter – und wer als innovativer Finanzdienstleister auftreten. Nur eines wäre keine erfolgversprechende Variante: nicht mitzumachen. Noch vor rund 30 Jahren hatten traditionelle Banken so gut wie keine weiteren Wettbewerber, ergo Konkurrenten. Beratungsgespräche und Dienstleistungen erfolgten naturgemäß vor Ort in den jeweiligen Filialen. Das Vertrauen der Kundinnen und Kunden in die Bankinstitute war vergleichsweise hoch. Für Bankkunden spielten sie – die traditionellen Finanzinstitutionen – eine relevante, konstante, dementsprechend stetige Rolle. Diese Situation gibt es so in der Art nicht mehr. Aktuelle Studien belegen die Auswirkungen der neuen Konkurrenten auf das traditionelle Banking, denn die Kundinnen und Kunden verringern ihre Verbindlichkeiten bei den Banken zunehmend. Die Branche des Finanzwesens ist – auch global gesehen und nicht nur auf den europäischen Markt beschränkt – sehr anfällig dafür, wesentliche Kundenschichten und Segmente an nicht-traditionelle Finanzdienstleister, Start-ups und FinTechs, wettbewerbsbedingt abtreten zu müssen.

Ein weiterer primärer Faktor sind die zahlreichen Skandale am Bankensektor, in der jüngsten Vergangenheit, die das Vertrauen in die Banken massiv erodiert haben könnte. Dieses schwindet offensichtlich gleich in mehreren Bereichen, wie z. B. dem Datenschutz, Sicherheit, Gebührentransparenz und die Verfügbarkeit einer objektiven, unabhängigen Finanzberatung.

5 Chancen, Risiken und Herausforderungen durch neue Rahmenbedingungen

Open Banking bringt ohne Zweifel Schwung in die Diskussion darüber, wie der Finanzdienstleister von Morgen aussehen könnte. Mit dem 13. Januar 2018 wurde die PSD II (Payment Services Directive II) in nationales Recht umgesetzt und schafft den rechtlichen Rahmen für die Marktöffnung für Drittanbieter.

5.1 Wesentliche Adaptierungen der PSD II

Keine zusätzlichen Entgelte mehr bei Kartenzahlungen
Händler dürfen ab 13. Januar 2018 keine gesonderten Entgelte mehr für gängige Kartenzahlungen, SEPA-Überweisungen und Lastschriften in Euro erheben. Dies gilt europaweit für Buchungen und Einkäufe sowohl im stationären Handel als auch im Internet (Huch 2014, S. 34 ff.).

Haftungsgrenze sinkt von EUR 150,00 auf EUR 50,00
Opfer eines Missbrauchs der Bank- oder Kreditkarte, Lastschriftverfahren oder des Online-Banking haften – ausgenommen sind grobe Fahrlässigkeit oder Vorsatz – künftig nur mehr mit maximal EUR 50,00 (Bamberger et al. 2017, S. 1787).

Mehr Verbraucherrechte bei Fehlüberweisungen
Bei nicht autorisierten Überweisungen, etwa wegen Missbrauch, müssen Banken den fälschlich abgebuchten Betrag zurückerstatten (Parlament der Republik Österreich 2018).

Achtwöchiges Erstattungsrecht bei SEPA-Lastschriften gesetzlich verankert
Verbraucher können sich ohne Angabe von Gründen den Geldbetrag erstatten lassen (Bundesverband Öffentlicher Banken Deutschlands, VÖB 2017: Kapitel: Bewertung).

Aufsicht auf weitere Zahlungsdienste erstreckt
Zahlungsauslösedienste und Kontoinformationsdienstleister werden reguliert und der Aufsicht der Bundesanstalt für Finanzdienstleistungsaufsicht unterstellt (Gesetz über die Beaufsichtigung von Zahlungsdiensten 2018, S. 7 ff.).

Starke Kundenauthentifizierung erforderlich
Die Bank muss eine starke Kundenauthentifizierung verlangen. Und zwar dann, wenn der Kunde online auf sein Zahlungskonto zugreift, einen elektronischen Zahlungsvorgang auslöst oder über einen Fernzugang eine Handlung vornimmt. Der Kunde muss aus drei Kategorien: 1) Wissen, zum Beispiel ein Passwort; 2) Besitz, etwa eine Chipkarte; 3) Inhärenz, zum Beispiel biometrische Eigenschaften, mindestens zwei Kategorien vorweisen (Brühl und Dorschel 2018, S. 397).

Ausnahmen von starker Kundenauthentifizierung geplant
Überweisung von Kleinstbeträgen (Mülbert 2017, S. 261).

Reservierung von Kartenzahlungen nur mit Zustimmung
Zum Beispiel lassen viele Hotels oder Autovermietungen zu ihrer Absicherung bereits bei Buchung oder Anmietung einen Geldbetrag auf dem Kartenkonto des Kunden sperren. Mit der Einführung der PSD II müssen Kundinnen und Kunden einer Reservierung zustimmen (Mülbert 2017, S. 309).

Für den grenzüberschreitenden Zahlungsverkehr ergeben sich im Detail folgende Anpassungen:

- Die PSD II regelt nun nicht nur EU- und EWR-Währungen, sondern sämtliche Währungen für die Teile einer Transaktion, die sich im EU/EWR-Raum befinden. Hier gibt es Ausnahmen bzw. Ergänzungen bezüglich versendeter Währung versus der kontoführenden Währung.
- Die Wertstellung und die Verfügbarmachung von Geldbeträgen wird durch die PSD II erstmals klar geregelt.
- Überweisungen – egal welcher Währung – sollen im EU/EWR-Raum grundsätzlich nur mehr mit der Gebührenoption SHA (Share – Spesenteilung) durchgeführt werden.

5.1 Wesentliche Adaptierungen der PSD II

- Die Option OUR (sämtliche Gebühren übernimmt der Auftraggeber) entfällt bei Überweisungen im EU/EWR-Raum, egal welcher Währung, bei Nicht-Konvertierung am zu belastenden Verbraucherkonto.
- Die Option BEN (sämtliche Gebühren übernimmt der Empfänger) ist bereits durch PSD I nicht mehr gültig.
- Zwischengeschaltete Banken, sogenannte Intermediary Banks oder Zwischenbanken, Router, dürfen sich bei Überweisungen im EU/ERW-Raum keine den Überweisungsbetrag verringernden Entgelte oder Gebühren einbehalten. Egal in welcher Währung die Überweisung durchgeführt wird. Der Überweisungsbetrag muss ohne Abzüge am Empfängerkonto ankommen und als solcher verbucht werden. Der Zahlungsdienstleister des Begünstigten kann mit der Kundin oder dem Kunden jedoch vereinbaren, Entgelte zu berechnen und diese in einem Buchungsvorgang zu lösen. Der eingegangene Überweisungsbetrag muss als dieser kommuniziert und sichtbar gemacht werden. Die Entgelte als eigener Posten ebenso (Bamberger et al. 2017, S. 2079 ff.; Huch 2014, S. 45 f.; Wandhöfer 2010, S. 193; Breuer und Schweizer 2003, S. 91 f.).

5.1.1 Ziele der PSD II

Seit Inkrafttreten der ersten Zahlungsdiensterichtlinie im Jahr 2009 (PSD I) hat sich der Zahlungsverkehrsmarkt in technischer Hinsicht stark weiterentwickelt. Die Mannigfaltigkeit elektronischer Zahlungsdienstleistungen und deren praktische Bedeutung haben weiter stark zugenommen.

Mobile Zahlungen in Real-time-Geschwindigkeit sind im Massenmarkt angekommen. Ist es zu begrüßen, dass FinTech-Unternehmen diesen rasanten Trend noch weiter forcieren und ist zu gewährleisten, dass die regulatorischen Rahmenbedingungen Schritt halten? (Huch 2013, S. 46 f.).

Schon bei der nationalen Umsetzung der PSD I kam es zu Unklarheiten hinsichtlich dessen, welche Regularien auf welche Rolle in der „Chain" des Zahlungsverkehrsflusses schlagend werden:

> As long as the operator is not an intermediary, the activities are not regulated by the PSD. This is very unclear despite the guidance from the FSA and EU […] (Mercado-Kierkegaard 2007, S. 175 ff.).

Die gegebenen Umstände zum Umbruch im Bankenbereich ermöglicht die Payment Services Directive II, welche im Anschluss näher beleuchtet wird (Huch 2014, S. 2).

Die rasante Entwicklung im Zahlungsverkehrsmarkt, die Eingliederung innovativer und neuer Technologien – auch Geschäftsmodelle infolge der Digitalisierung – führen zu diversesten komplexen Anpassungserfordernissen (Moormann et al. 2016, S. Kap. 2 und 3).

> As an outcome of these changes, the need to regulate the payment service industry has become more prevalent over the last two decades […] (Salmony 2014, S. 156 ff.).

Darauf begründet wurde Ende 2015 die überarbeitete Zahlungsdiensterichtlinie II ([EU] 2015/2366, Payment Services Directive II, kurz PSD II) mit einer Reihe von Regelungen erlassen, um umfassenderen Wettbewerb zu ermöglichen und die Sicherheit im Zahlungsverkehr zu erhöhen (Hellenkamp 2018, S. 153 f.).

Die PSD II – Zahlungsdiensterichtlinie – auf EU-Ebene musste bis zum 13. Januar 2018 in nationales Recht umgesetzt werden. In Österreich bewerkstelligt dieses zwingend umzusetzende Gesetz das Zahlungsdienstegesetz II (ZaDiG II). Aufgrund der mehrheitlich vollharmonisierten Vorschriften der PSD II besteht weitgehend kein nationaler Spielraum bei der Umsetzung (Bamberger et al. 2017, S. 1778 ff.).

> Typically EU-directives need to be transposed into national law within two years after officially accepted […] (McKenna 2014).

Die PSD II sieht im Wesentlichen drei Hauptaufgaben mit folgenden Maßnahmen vor (Hierl 2017, S. 167 f.):

- Regulierung dritter Zahlungsdienstleister
- Einführung der starken Kundenauthentifizierung bei der Durchführung von Online-Zahlungen
- Festlegung klarer und kundenfreundlicher Haftungsregeln bei nicht autorisierten Zahlungen

5.1.2 Profiteure von Open Banking

Wer sind schlussendlich die Profiteure dieses revolutionären Branchenwandels: die Verbraucher, die FinTechs, der Handel, die Banken? Und wann wird dieser Wandel schlagend? Gab es den „Kick-off" bereits, wird es einen „Big Bang" geben, oder schleicht sich die Änderung der Branchenlandschaft harmonisiert ein?

Einerseits werden die geschaffene, bestehende Banken-Infrastruktur und der Zugang zu sensiblen Kunden- bzw. Nutzerinnendaten für Drittanbieter geöffnet, innovative Geschäftsmodelle – noch ohne verifizierte empirische Ergebnisse über die tatsächliche erfolgreiche Anwendbarkeit zugewiesener Regulierungen – einer mittlerweile überhand nehmenden Regulierungsdichte unterstellt. Andererseits wird der substanzielle, teils nur unter massivsten Anstrengungen zu bewerkstelligende Anpassungsbedarf der Banken an die neu geschaffenen Gegebenheiten trivialisiert.

Punktuell zu untersuchen ist die implizierte Veränderung der Wertschöpfungskette des bargeldlosen Zahlungsverkehrs (Huch 2013, S. 35 ff.).

5.2 Innovative Finanzdienstleister

Zu fokussierende Zielgruppen, der Finanzmarkt, das Marktumfeld, diverse Implementierungsleitfäden erweisen sich als noch sehr unsicher. Eine grundsätzliche strategische Ausrichtung der produktanbietenden Marktteilnehmer wird dennoch – schon jetzt – als zielführend betrachtet, obwohl die Situation um die Varianten und Möglichkeiten von Positionierungen neuer Geschäftsmodelle in einschlägigen fachlichen und wissenschaftliche.

Kreisen merklich kontrovers diskutiert wird. Als Resultat dieser intensiven themeninhaltlichen Auseinandersetzung wird jedoch gesehen, dass beispielsweise Transaktionsbanken an zahlreichen Initiativen arbeiten, welche Geschäftsmodelle den neuen Rahmenbedingungen anpassen sollen und – daraus ableitend – am Markt kapitalisieren (Beimborn, Daniel und Heinz-Theo Wagner, in Bodek et al. 2017, S. 170 ff.).

Die zunehmende Digitalisierungsoffensive in Bereichen des z. B. Zahlungsverkehrs und insbesondere die zunehmende Bedeutung von mobilen Endgeräten stellen massive Herausforderungen an die Bankenwelt, generell an Finanzinstitutionen. Natürlich bietet sie in weiterer Folge auch neue Chancen sowie die Option, die Kundin oder den Kunden über die reine Zahlungsabwicklung hinaus wesentlich intensiver unterstützend zu begleiten bzw. zu beraten.

Banken sind in diesem sich revolutionär verändernden Markt mit neuen Teilnehmern und Akteuren aus fremden Branchen sowie sich stark verändernden Kundenanforderungen konfrontiert. In solch einem Kontext müssen sich Banken entscheiden, wie sie sich in dieser Phase der Veränderung positionieren und strategisch ausrichten wollen. Ebenso welche Leistungen sie künftig anbieten wollen oder nicht (Schlohmann 2017, S. 399).

5.3 Fazit und Ausblick

Feststellungen zu „Open Banking":
Die vorangegangenen Kapitel haben beschrieben, was „Open APIs" und „Open Banking" sind und wie sich Entscheidungsträger im Finanzdienstleistungssektor bezüglich der bevorstehenden Veränderungen positionieren können. Die wichtigsten Feststellungen können wie folgt zusammengefasst werden:

- „Open APIs" könnten den Weg für „Open Banking" ebnen. Die aktuellen FinTech-Entwicklungen und die parallele Einführung der PSD-II-Richtlinien haben die Diskussionen zur Öffnung von Banken, durch z. B. die Nutzung von „Open APIs" für die Ermöglichung von „Open Banking"-Geschäftsstrategien, angeheizt. Es sind mindestens zehn Gemeinschaftsinitiativen zum Thema „Open APIs" und „Open Banking" entstanden, wobei keine von Banken vorangetrieben wird.
- „Open Banking" hat Einfluss auf existierende Prozesse für Produkte und Vertrieb. Produkt- und Vertriebsstrategien gehörten schon immer zu den Kernaufgaben einer Bank. „Open Banking" und die damit verbundenen digitalen Technologien liefern neue Chancen und Herausforderungen hinsichtlich des Maßstabs und des „Scopes" für Produkte und deren Vertrieb im digitalen Zeitalter.
- Banken müssen eventuell strategische Entscheidungen in ihrem Umgang mit „Open Banking" treffen. Die Banken werden herausgefordert, ihre eigenen, einzigartigen Verkaufsargumente zu finden und zum Ausdruck zu bringen, um Werte in einer offenen Geschäftsumgebung mitzugestalten. Banken müssen ihre Strategien in Bezug auf Produkte und deren Vertrieb überdenken. Ebenso müssen sie neue Geschäftsmodelle untersuchen, die über das aktuelle Angebot hinausgehen.
- API-Industrie-Standards könnten den Gewinn und Wert von „Open Banking" maximieren, wenn sie nicht nur als rein technische Standards betrachtet werden. Standards sind erforderlich, um Interoperabilität zu schaffen und eine kosteneffiziente und einfache Integration zu ermöglichen. Das Akzeptanzniveau von API-Standards in der Industrie ist der Schlüssel zum Erfolg und wird vom „Scope" der (individuellen, gemeinschaftlichen, industriellen und universellen) Benutzergruppen bestimmt, welche den Standard definieren. Genauso wichtig ist der „Scope" der Standardisierung (z. B. technisch, funktionell, operationell und rechtlich). Finanzdienstleistungen erfordern Sicherheit, Datenschutz und Compliance, darum muss sich die API-Standardisierung

5.3 Fazit und Ausblick

über den technischen und funktionellen Aspekten hinaus entwickeln und auch rechtliche, operationelle und „Governance"-bezogene Aspekte miteinbeziehen. Zu guter Letzt könnte der Gebrauch von Standards die Gesamtinvestition und das Risiko je Institution reduzieren.
- „Open Banking" mit standardisierten „Open APIs" als Grundlagentechnologie steckt immer noch in den Kinderschuhen. In Anbetracht der aktuellen Entwicklungen kann eine schnelle und gemeinschaftliche Entwicklung erwartet werden. Das könnte die Voraussetzungen für einen industrieübergreifenden Dialog schaffen, bei dem Interessenvertreter von Banken und Nicht-Banken involviert sind (Deng und LEE Kuo Chuen 2018, S. 379 f.).

Der Zahlungsverkehrsindustrie steht eine spannende und prägende Phase bevor. Neue Strategien, teilweise bestimmt durch Vorschriften und teilweise angetrieben durch Chancen, müssen basierend auf dem sich wandelnden Konsumentenverhalten entwickelt werden (Seidel 2017, S. 19).

Schlagwörter- und Paraphrasensammlung zum Thema"Herausforderung für Finanzinstitute durch Open Banking":

- Politisch-rechtliches Umfeld
- Datenschutz
- Technische Sicherheit von Infrastrukturen
- Soziokulturelles Umfeld
- Technologisch-umweltpolitisches Umfeld
- Demografisch-ökonomisches Umfeld
- Ausrichtung von bestehenden Bank- und Finanzdienstleistungsinstitutionen
- Potenzielle neue Konkurrenten für bestehende Marktteilnehmer
- Neue Produkte hinsichtlich möglicher Substitution
- Bestehende Kunden
- Neue Kunden
- Interne Branchenkonkurrenz im Bankenbereich
- Mögliche neue Wertschöpfungskette im Finanzsektor
- Mögliche neue Kundenbedürfnisse im Fokus der Digitalisierungswelle
- Mögliche – sich für Verbraucher neu zusammensetzende – neue Wertsumme bzw. Wertgewinn
- Neue Kriterien in Bezug auf Kundenbegeisterung
- Umsetzbarkeit von Regularien
- Sinnhaftigkeit von Regularien im Bezug auf die Umsetzbarkeit
- Bewusste Nichteinhaltung von Bestandteilen der PSD II

- Gründe für die bewusste Nichteinhaltung von Bestandteilen der PSD II
- Messung des Einhaltungsgrades von Regularien
- Richtungsweisende Tadelung und Ahndung bei Nichteinhaltung von Regularien
- Ausblick hinsichtlich zukünftig möglicher Marktstruktur und Marktteilnehmer am Finanzsektor

Für zurzeit bestehende, künftig neu in den Markt eintretende bzw. auch substitutionsgefährdete Zahlungs- und Finanzdienstleister ist es essentiell, sich explizit zu positionieren, ergo definitiv eine Stellung bzw. Ausrichtung einzunehmen (Heinemann 2018, S. 17 ff.). Hinsichtlich der Positionierung werden nicht die herkömmlichen Parameter wie Produktorientierung, Kundenorientierung, Mitarbeiter- oder Produktionsorientierung angesprochen. Vielmehr ist Inhalt, wie stark sich bestehende Banken dem revolutionär- innovativen Marktumbruch anpassen wollen und ggf. auch können.

Welches Kundenklientel soll die Zielgruppe definieren und wie wird passend vorgegangen, um diese auch tatsächlich und konkret anzusprechen? Es gilt, kostenintensive Streuverluste zu verhindern. Bankexpertinnen und -experten sprechen von einem Neubeginn der Bankwirtschaft. Dementsprechend sind jeweils auch Grundwerte wie das „Vision- and Mission-Statement" zu hinterfragen und ggf. neu auszurichten. Zukünftig gelten Verkaufsargumente wie eine (bestehende) Marke an sich als trivial (Bieberstein und Brock 2015, S. 93 ff.).

Institutionen haben anhand von wissenschaftlichen Methoden ihre bestehenden vorhandenen Stärken und Schwächen zu analysieren (z. B. SWOT-Analyse), um die künftige Ausrichtung bestmöglich untermauern zu können. Es ist auch unumgänglich, z. B. durch Marktforschung Reputationen einzuholen. Analysen wie die Durchführung eines „semantischen Differentials" helfen dabei, sicherstellen zu können, wie Kundinnen und Kunden oder Zielgruppen die Institution als Dienstleister sehen. Dementsprechend können korrekte Stoßrichtungen hinsichtlich der Marktpositionierung bewerkstelligt werden (Levknecht 2014, S. 37 ff.).

Was Sie aus diesem *essential* mitnehmen können

- Einen fundierten und detailreichen Einblick in die aktuelle Marktsituation hinsichtlich des Umgangs mit Open Banking und dessen Teilnehmer.
- Vertiefte Hintergründe zu den zahlreichen Möglichkeiten für Finanzdienstleistungsunternehmen, sich neu auszurichten und die Wettbewerbsfähigkeit aufrecht zu halten.
- Konkrete und aktuelle Stellungnahmen zu Open-Banking-Produkten.

Literatur

Bamberger, H. G., Derleder, P., & Knops, K.-O. (2017). *Deutsches und europäisches Bank- und Kapitalmarktrecht.* Berlin: Springer-Verlag.
Barrie, M., Jhanji, K., & Sebag-Montefiore, M. (2016). oliverwyman.de. http://www.oliverwyman.de/content/dam/oliver-wyman/europe/germany/de/insights/publications/2016/dec/Oliver_Wyman_Zahlungsverkehr_in_Europa_08122016.pdf. Zugegriffen: 4. Jan. 2019.
Beckmann, M. (2006). Marxistische Politische Ökonomie. In H.-J. Bieling & M. Lerch (Hrsg.), *Theorien der europäischen Integration.* Wiesbaden: VS Verlag.
Bieling, H.-J. (2006). Intergouvernementalismus. In H.-J. Bieling & M. Lerch (Hrsg.), *Theorien der europäischen Integration.* VS Verlag: Wiesbaden.
Bieling, H.-J., & Lerch, M. (2006). *Theorien der europäischen Integration.* Wiesbaden: VS Verlag.
Bodek, M. C., Gerdes, M., Siejka, M., & Smolinski, R. (2017). *Innovationen und Innovationsmanagement in der Finanzbranche.* Wiesbaden: Springer Fachmedien.
Böhnke, W., & Rolfes, B. (2018). *Neue Erlösquellen oder Konsolidierung? – Geschäftsmodelle der Banken und Sparkassen auf dem Prüfstand.* Wiesbaden: Springer Fachmedien.
Borchardt, K.-D. (2015). *Die rechtlichen Grundlagen der Europäischen Union.* Wien: Facultas Verlags- und Buchhandel AG.
Brasche, U. (2013). *Europäische Integration: Wirtschaft, Erweiterung und regionale Effekte.* Oldenbourg: Oldenbourg Wissenschaftsverlag GmbH.
Breuer, W., & Schweizer, T. (2003). *Corporate Finance.* Wiesbaden: Gabler.
Brock, H., & Bieberstein, I. (2015). *Multi und Omnichannel-Management in Banken und Sparkassen.* Wiesbaden: Springer Fachmedien.
Brühl, V., & Dorschel, J. (2018). *Praxishandbuch Digital Banking.* Wiesbaden: Springer Fachmedien.
Bundesverband öffentlicher Banken Deutschlands, V. (2017). *Kreditwirtschaft: Wichtige Vorhaben der EU.* Berlin: Distler Druck und Medien e.k.
Capelmann, W., de-Feniks, R., & Peverelli, R. (2018). *Reinventing Customer Engagement – Kundenbeziehungen neu erfinden.* München: FBV Finanzbuchverlag.

Eckrich, J., & Jung, N. (2016). https://www.innopay.com/blog/open-banking-blog-7-chancen-und-herausforderungen-fuer-sich-oeffnende-banken/. Zugegriffen: 6. Jan. 2019.

Fastnacht, D. (2009). *Open innovation in the financial services*. Berlin: Springer Verlag.

Fernhochschule, S. (2017). *Digitalisierung in Wirtschaft und Wissenschaft*. Wiesbaden: Springer Fachmedien.

Gamblin, R., & Williams, N. (2017). *IBM z systems integration Guide for the hybrid cloud and API economy*. New York: Red Books Llc.

Gayvoronskaya, T., Meinel, C., & Schnjakin, M. (2018). *Blockchain: Hype oder innovation*. Potsdam: Universitätsverlag Potsdam.

Gentsch, P. (2018). *Künstliche Intelligenz für Sales, Marketing und Service*. Wiesbaden: Springer Fachmedien.

Gesetz-über-die-Beaufsichtigung-von-Zahlungsdiensten-(Zahlungsdienstegesetz-ZAG). (2009). https://www.bundesbank.de/Redaktion/DE/Downloads/Aufgaben/Bankenaufsicht/Gesetze_Verordnungen_Richtlinien/gesetz_ueber_die_beaufsichtigung_von_zahlungsdiensten_zahlungsdienstaufsichtsgesetz_zag.pdf?__blob=publicationFile. Zugegriffen: 18. Jan. 2019.

Gonzáles, A. G. (2004). PayPal: The legal status of c2c payment systems. https://core.ac.uk/download/pdf/278092.pdf. Zugegriffen: 18. Jan. 2019.

Große Hüttmann, M., & Fischer, T. (2006). *Theorien der europäischen Intergration*. Wiesbaden: VS Verlag.

Haertsch, P., Schubert, P., & Selz, D. (2003). *Digital Erfolgreich*. Berlin: Springer Verlag.

Heilsberger, L. (2016). *Ein Integratives Modell Politischer Stabilität*. Marburg: Tectum.

Heinemann, G. (2018). *Die Neuausrichtung des App- und Smartphone- Shopping*. Wiesbaden: Springer Fachmedien.

Hell, W. (2010). *Alles Wissenswerte über Staat, Bürger, Recht*. Stuttgart: Georg Thieme Verlag.

Hellenkamp, D. (2018). *Bankwirtschaft*. Wiesbaden: Springer Fachmedien.

Helmold, M., & Terry, B. (2016). *Lieferantenmanagement 2030*. Wiesbaden: Springer Fachmedien.

Hierl, L. (2017). *Mobile payment*. Wiesbaden: Springer Fachmedien.

Hill, C. W., Jones, G. R., & Schilling, M. A. (2015). *Strategic management theory, cengage learning*. Stanford: South Western Verlag.

Huch, S. (2013). *Die Transformation des europäischen Kartengeschäfts*. Wiesbaden: Springer Fachmedien.

Huch, S. (2014). *Der einheitliche EU-Zahlungsverkehr*. Wiesbaden: Springer Fachmedien.

Jhoon, K. (2015). Users accepptance of mobile fintech service: Immersion of movile dvices moderating effect. *The e-Business Studies, 6* (16). http://www.kci.go.kr/kciportal/landing/article.kci?arti_id=ART002061158. Zugegriffen: 18. Jan. 2019.

Kayser, I., & Kollmann, T. (2011). *Digitale Strategien in der Europäischen Union*. Wiesbaden: Springer Fachmedien.

Kirchhof, G., Kube, H., & Schmidt, R. (2016). *Von Ursprung und Ziel der Europäischen Union: Elf Perspektiven*. Tübingen: Mohr Siebeck.

Langen, R. (2015). *Finanzierungschancen trotz Bankenkrise*. Wiesbaden: Springer Fachmedien.

Laurence, T. (2017). *Blockchain for dummies*. Hoboken: Wiley.

Levknecht, G. (2014). *Analyseansätze im strategischen management*. Hamburg: Igel Verlag RWS.
Mercado-Kierkegaard, S. (2007). Harmonising the regulatory regime for cross-border payment services. https://www.sciencedirect.com/science/article/pii/S0267364906001142. Zugegriffen: 4. Jan. 2019.
Mühlbauer, H. (2018). *EU-Datenschutzgrundverordnung (DSGVO)*. Berlin: Beuth Verlag GmbH.
Mülbert, P. O. (2017). *Bankrechtstag 2016*. Berlin: De Gruyter.
Österreichisches-Parlament. (2017). parlament.gv.at. https://www.parlament.gv.at/PAKT/VHG/XXV/ME/ME_00332/index.shtml. Zugegriffen: 5. Jan. 2019.
Parlament-der-Republik-Österreich. (2009). parlament.gv.at. https://www.parlament.gv.at/PAKT/VHG/XXIV/I/I_00207/index.shtml. 31. März 2018.
Parlament-der-Republik-Österreich. (2018). parlament.gv.at. https://www.parlament.gv.at/PERK/PE/OEINEU/EUBeitrittOE/index.shtml. Zugegriffen: 4. Jan. 2019.
Rasche, C., & Tiberius, V. (2017). *FinTechs*. Wiesbaden: Springer Fachmedien.
Riedl, G. R. (2002). *Der bankbetriebliche Zahlungsverkehr*. Berlin: Springer Verlag.
Rueckgauer, O. (2017). *Dezentrale Vermögensverwaltung in der Blockchain*. München: GRIN Verlag.
Saleem, M. (2017). *EU-DSGVO. Konzept eines Datenschutzmanagementsystems*. München: GRIN Verlag.
Salmony, M. (2014). Access to accounts: Why banks should embrace an open future. *Journal of payments strategy & systems, 8*(2), 157–171.
Schlohmann, K. (2017). Digitalisierung im Zahlungsverkehr. In M. C. Bodek, M. Gerdes, M. Siejka, & R. Smolinski (Hrsg.), *Innovationen und Innovationsmanagement in der Finanzbranche*. Wiesbaden: Springer Fachmedien.
Seidel, M. (2017). *Banking und Innovation 2017: Ideen und Erfolgskonzepte von Experten für die Praxis*. Wiesbaden: Springer Fachmedien.
Statistik-Austria. (2018). statistik.at. https://www.statistik.at/web_de/statistiken/wirtschaft/preise/verbraucherpreisindex_vpi_hvpi/index.html. Zugegriffen: 8. Jan. 2019.
Terlau, M. (2016). zbb-online.com. http://www.osborneclarke.com/media/filer_public/64/62/646255f4-1fb7-4c84-ba6e-c91d1ddacf89/zbb_2016_122_2.pdf. Zugegriffen: 9. Jan. 2019.
Wandhöfer, R. (2010). *EU payments integration. The tale of SEPA, PSD and other milestones along the road*. Wiesbaden: Springer-Verlag.
Wolf, D. (2006). Neo-Funktionalismus. In H.-J. Bieling & M. Lerch (Hrsg.), *Theorien der europäischen Integration*. Wiesbaden: VS Verlag.
(ZAG), & G. ü. (2009). Deutsche Bundesbank. https://www.bundesbank.de/Redaktion/DE/Downloads/Aufgaben/Bankenaufsicht/Gesetze_Verordnungen_Richtlinien/gesetz_ueber_die_beaufsichtigung_von_zahlungsdiensten_zahlungsdiensteaufsichtsgesetz_zag.pdf?__blob=publicationFile. Zugegriffen: 5. Jan. 2019.